Juro lealtad a la bandera

Stephanie Kuligowski, M.A.T

Asesoras

Shelley Scudder
Maestra de educación de estudiantes dotados
Broward County Schools

Caryn Williams, M.S.Ed.
Madison County Schools
Huntsville, AL

Créditos de publicación

Dona Herweck Rice, *Jefa de redacción*
Lee Aucoin, *Diseñadora de multimedia principal*
Torrey Maloof, *Editora*
Diana Kenney, M.A.Ed., NBCT, *Editora asociada de educación*
Marissa Rodriguez, *Diseñadora*
Stephanie Reid, *Editora de fotos*
Traducción de Santiago Ochoa
Rachelle Cracchiolo, M.S.Ed., *Editora comercial*

Créditos de imágenes: Tapa & pág. 1 Superstock; págs. 6, 24 Nancy Carter/North Wind Picture Archives; pág. 7 Nancy Carter/North Wind Picture Archives; pág. 8 Nancy Carter/North Wind Picture Archives; pág. 9 The Granger Collection; pág. 10 Nancy Carter/North Wind Picture Archives; pág. 11 Nancy Carter/North Wind Picture Archives; pág. 15 Corbis; pág. 18 The Library of Congress [LC-USZC4-6262]; pág. 19 NASA; pág. 20 Alamy; pág. 20 Getty Images/Time & Life Pictures Creative; todas las demás imágenes de Shutterstock.

Teacher Created Materials
5301 Oceanus Drive
Huntington Beach, CA 92649-1030
http://www.tcmpub.com
ISBN 978-1-4938-0480-1
© 2016 Teacher Created Materials, Inc.

Índice

Símbolo estadounidense 4

La primera bandera 6

La bandera cambiante 10

Sigue el código 14

El Día de la Bandera 16

¡Dilo! 20

Glosario 22

Índice analítico 23

¡Tu turno! 24

Símbolo estadounidense

Algunas personas la llaman la Gloria de Antaño. Otros la llaman las Barras y las Estrellas. La bandera estadounidense tiene muchos nombres. Es un **símbolo** de nuestro país.

la bandera estadounidense

La primera bandera

La primera bandera de Estados Unidos tenía 13 franjas rojas y blancas. También tenía 13 estrellas blancas.

La bandera estadounidense siendo izada hace mucho tiempo.

Las estrellas y las franjas de la bandera representaban a las 13 **colonias**. Las colonias eran lugares en la antigua Norteamérica.

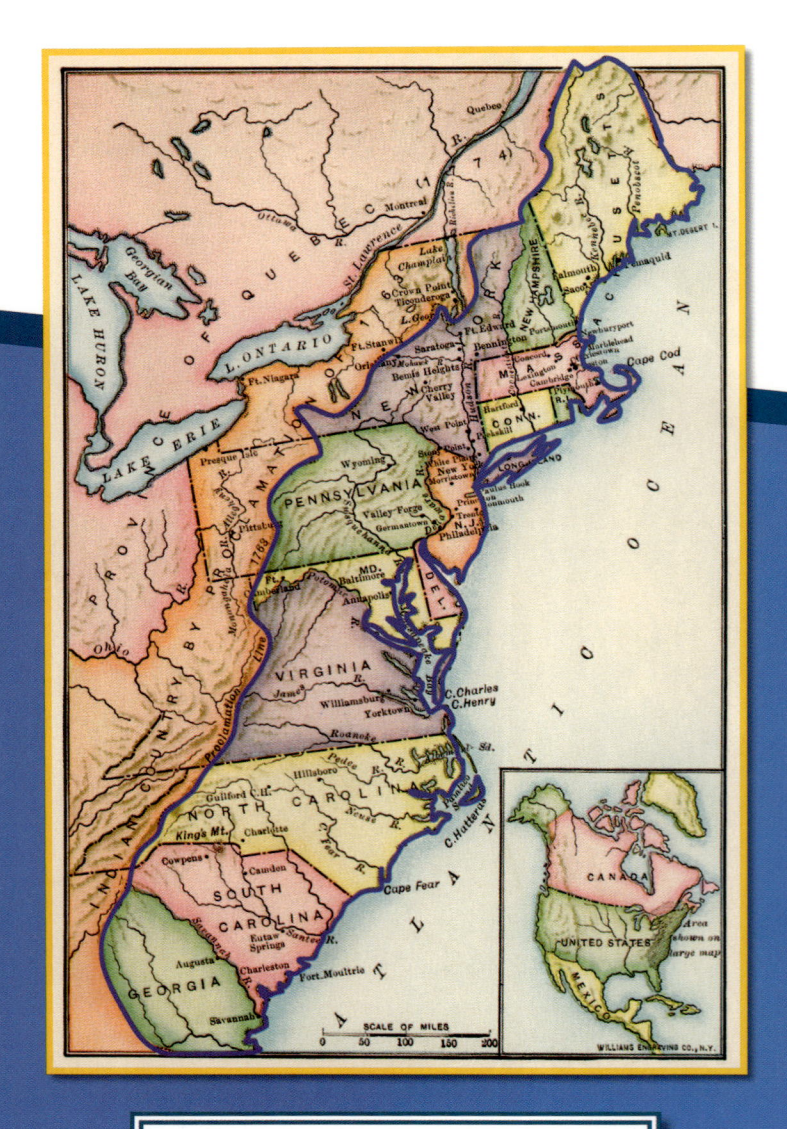

las 13 colonias

8

¡Libertad!

Las colonias consiguieron su **libertad** en una guerra contra Gran Bretaña.

Las colonias pelean contra Gran Bretaña durante la guerra.

La bandera cambiante

Más tarde, las colonias se convirtieron en estados. La bandera también cambió.

Esta bandera tiene 15 estrellas.

Esta bandera tiene 34 estrellas.

Ahora las estrellas representan a los estados. Se añade una estrella cada vez que se añade un estado nuevo.

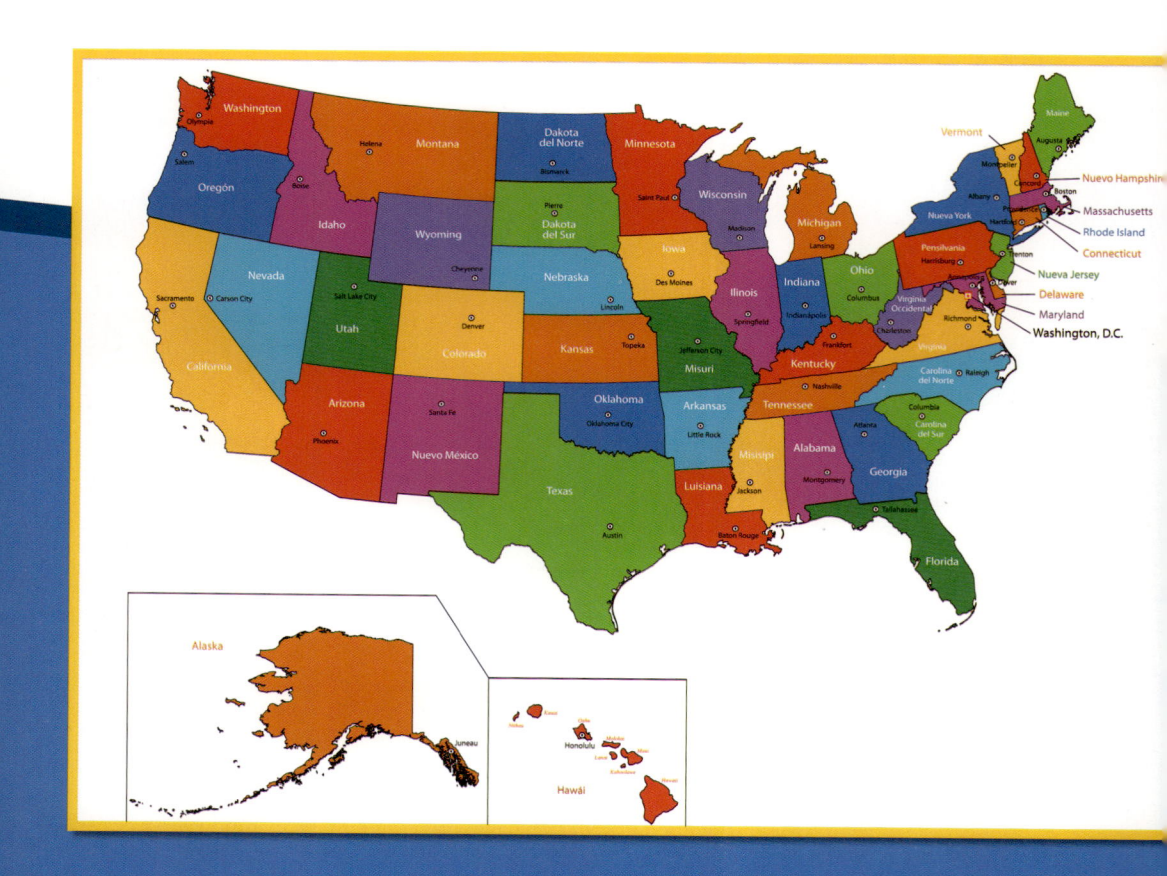

Hay 50 estados en los Estados Unidos.

12

Hoy, la bandera tiene 50 estrellas.

Sigue el código

El Código de la Bandera es una serie de **reglas**. Le dice a las personas cómo **respetar** la bandera.

Esta mujer y este hombre doblan la bandera de una manera especial.

14

Juro

Hoy, **honramos** la bandera diciendo el Juramento de lealtad.

Estos estudiantes están diciendo el Juramento de lealtad.

El Día de la Bandera

Los estadounidenses honran la bandera cada año en el Día de la Bandera. Es el cumpleaños de la bandera.

Reserva la fecha

El Día de la Bandera es el 14 de junio.

El Día de la Bandera honra este símbolo de nuestro país. La bandera es un símbolo de **orgullo**. Orgullo significa que amamos a nuestro país.

cartel del Día de la Bandera

¡En la Luna!

¿Sabías que en la Luna hay una bandera estadounidense?

Un astronauta muestra respeto por la bandera en la Luna.

¡Dilo!

Aprende el Juramento de lealtad en la siguiente página. Repítelo con tus amigos. Díselo a tu familia.

Unos estudiantes diciendo el Juramento de lealtad hace mucho tiempo.

Unos estudiantes diciendo el Juramento de lealtad hoy.

El Juramento de lealtad

Juro lealtad

a la bandera

de los Estados Unidos de América

y a la República

que representa:

una Nación,

bajo Dios,

indivisible,

con libertad y justicia para todos.

Glosario

colonias: lugares dominados por otro país lejano

honramos: mostramos respeto por una persona o cosa

libertad: el poder de hacer lo que quieres

orgullo: un sentimiento de que te respetas y debes ser respetado por otras personas

reglas: cosas que te dicen qué puedes y qué no puedes hacer

respetar: mostrar que alguien o algo es importante

símbolo: un objeto que representa otra cosa

Índice analítico

colonias, 8–10

Día de la Bandera, 16–18

estados, 10, 12

Gloria de Antaño, 4

Gran Bretaña, 9

Juramento de lealtad, 15, 20–21

las Barras y las Estrellas, 4

símbolo, 4, 18

¡Tu turno!

Una nueva bandera

Mira la bandera. ¿Cómo la cambiarías si te pidieran hacer una nueva? Dibuja una nueva bandera para honrar a Estados Unidos. Escribe sobre tu bandera. Cuenta a un amigo acerca de ella.